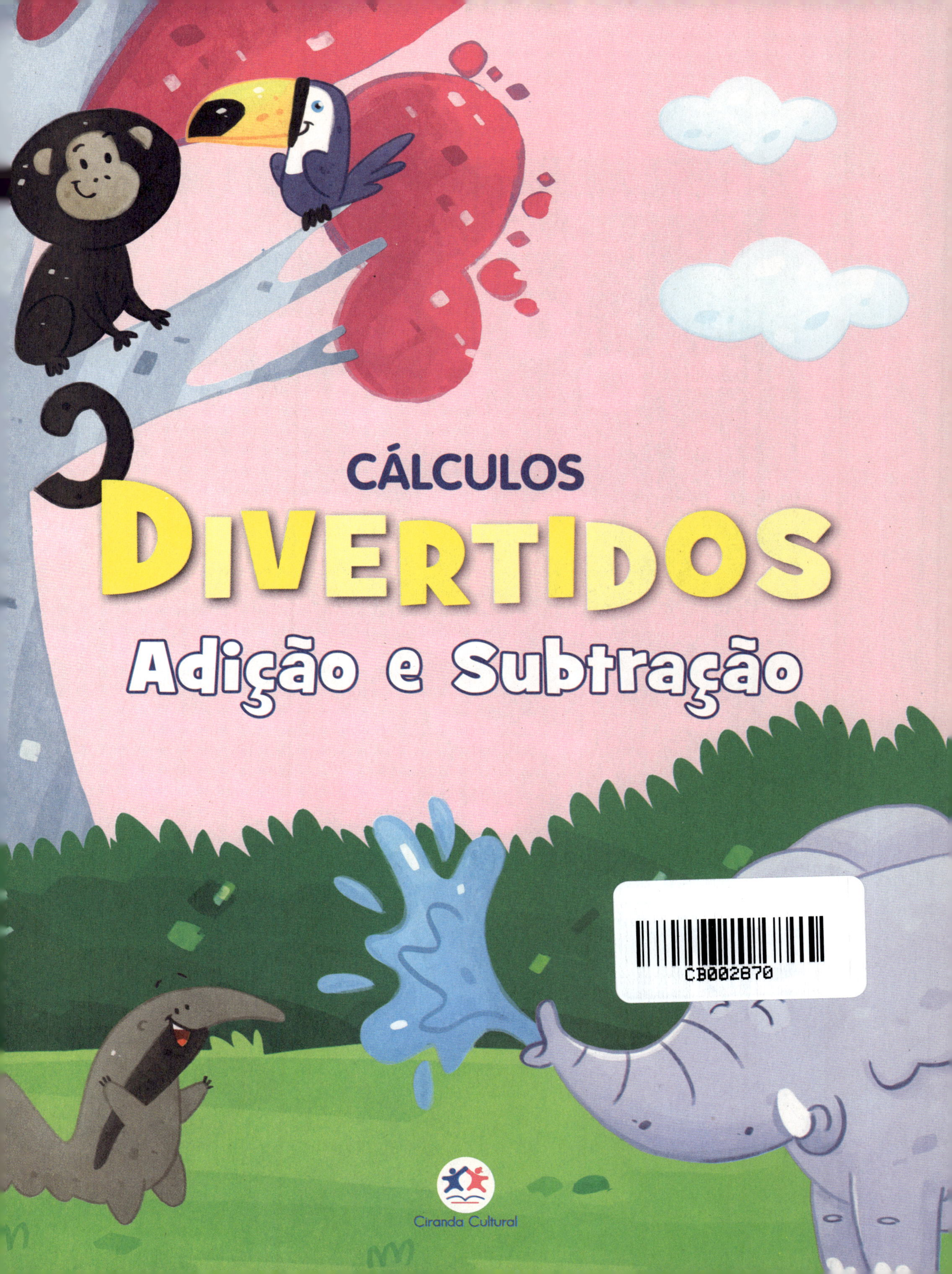
CÁLCULOS
DIVERTIDOS
Adição e Subtração
CB002870
Ciranda Cultural

PINTE APENAS A QUANTIDADE DE FIGURAS QUE REPRESENTA
O RESULTADO DE CADA CÁLCULO.
18
– 8
9
–4
30
–20

QUANTO SOBRA
SE VOCÊ SUBTRAIR
QUALQUER NÚMERO
POR ELE MESMO?
ZERO!
10 – 10 = 0
27 – 27 = 0

EFETUE AS ADIÇÕES PARA AJUDAR A MINHOCA A ENCONTRAR AS AMIGAS. QUAL É O CAMINHO QUE ELA DEVERÁ SEGUIR?
1
+
1
=
+
2
=
+
4
=

O CÃOZINHO ADORA SOMAR! EFETUE AS ADIÇÕES PARA A TARTARUGA SABER TAMBÉM QUAIS SÃO OS RESULTADOS.

ENCONTRE NA ÁRVORE OS NÚMEROS QUE ESTÃO FALTANDO PARA COMPLETAR AS SUBTRAÇÕES DO GRAMADO.

30

6

10

16

2

30 – ______ = 0

______ – 4 = 12

14 – 8 = ______

17 – ______ = 15

20 – ______ = 10

EFETUE OS CÁLCULOS E LIGUE-OS AOS RESULTADOS QUE ESTÃO NAS FLORES.

18 – 4 = _____

38 – 12 = _____

9 – 7 = _____

23 – 20 = _____

O TUCANO E O MACACO RESOLVERAM CONTAR OS ANIMAIS DA FLORESTA. O MACACO VIU 1 TAMANDUÁ E 3 ONÇAS. O TUCANO VIU UMA FAMÍLIA DE 7 PICA-PAUS. QUANTOS BICHOS OS AMIGOS VIRAM?

____ + ____ + ____ = ____

LOGO CEDO, 6 AVES VOARAM EM DIREÇÃO AO RIO. POUCO DEPOIS, OUTRAS 2 TAMBÉM FORAM PARA LÁ. QUANTAS AVES FORAM PARA O RIO NO TOTAL?

___ + ___ = ___

A ARARA ENCONTROU NA FLORESTA 5 ABACATES, 3 JACAS E 2 BANANAS. QUANTAS FRUTAS ELA ACHOU?

___ + ___ + ___ = ___

DESENHE NA ÁRVORE A QUANTIDADE DE FRUTAS CORRESPONDENTE AOS RESULTADOS DOS CÁLCULOS ABAIXO.

$8 - 4 =$

$7 - 2 =$

$5 - 3 =$

EFETUE OS CÁLCULOS E LIGUE AQUELES QUE TÊM O MESMO RESULTADO.

$26 - 6 =$ ___

$10 - 10 =$ ___

$18 - 8 =$ ___

$31 - 11 =$ ___

$5 - 5 =$ ___

$17 - 7 =$ ___

PENSE RÁPIDO:
QUANTO É
$50 - 50$?

OBSERVE A CENA, ENCONTRE E EFETUE OS CÁLCULOS, E DEPOIS LIGUE-OS AOS RESULTADOS.

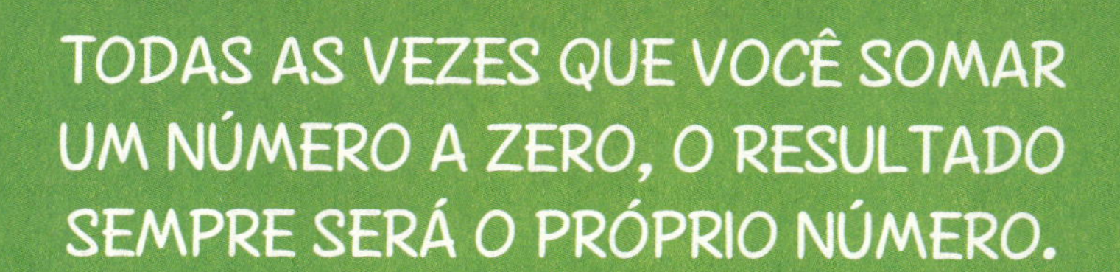

TODAS AS VEZES QUE VOCÊ SOMAR UM NÚMERO A ZERO, O RESULTADO SEMPRE SERÁ O PRÓPRIO NÚMERO.

$50 + 0 = 50$

$100 + 0 = 100$

$17 + 8 =$ ___

$3 + 4 =$ ___

$50 + 0 =$ ___

25

7

50

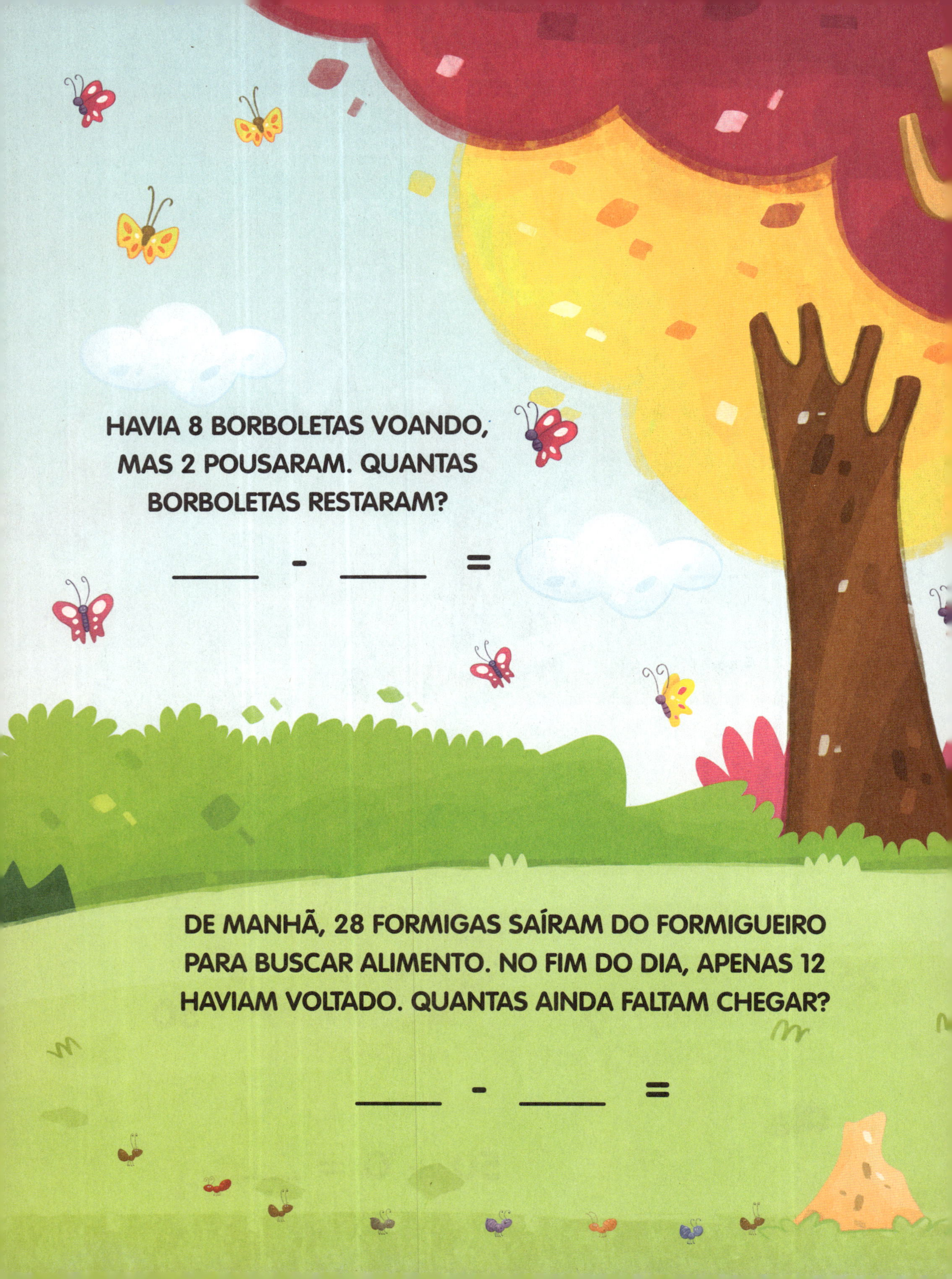

HAVIA 8 BORBOLETAS VOANDO, MAS 2 POUSARAM. QUANTAS BORBOLETAS RESTARAM?

_____ - _____ =

DE MANHÃ, 28 FORMIGAS SAÍRAM DO FORMIGUEIRO PARA BUSCAR ALIMENTO. NO FIM DO DIA, APENAS 12 HAVIAM VOLTADO. QUANTAS AINDA FALTAM CHEGAR?

_____ - _____ =

NA PRIMAVERA, NASCERAM
15 LINDAS FLORES NO
ARBUSTO, MAS O VENTO
DERRUBOU 6. QUANTAS
FLORES SOBRARAM?
____ - ____ =
PASSARAM PELA CLAREIRA EM DIREÇÃO
AO RIO 7 JOANINHAS, MAS 3 VOLTARAM MAIS
CEDO. QUANTAS JOANINHAS FICARAM NO RIO?
____ - ____ =

SIGA O RASTRO DAS ABELHAS PARA DESCOBRIR QUAL É A FLOR PREFERIDA DE CADA UMA E O RESULTADO DOS CÁLCULOS.

55	12	46	37
-11	$+7$	-24	$+11$